Collection

malins plaisirs

Des livres qui mettent l'eau à la bouche!

D0898955

© Les éditions Les Malins inc.

info@lesmalins.ca

Éditeur : Marc-André Audet
Conception graphique et montage : Energik Communications

Dépôt légal – Bibliothèque et Archives nationales du Québec, 2009
Dépôt légal – Bibliothèque et Archives Canada, 2009

ISBN : 978-2-89657-072-0

Imprimé en Chine

Tous droits réservés. Toute reproduction d'un extrait quelconque
de ce livre par quelque procédé que ce soit est strictement interdite
sans l'autorisation écrite de l'éditeur.

Les éditions Les Malins
5372, 3ᵉ Avenue
Montréal (Québec)
H1Y 2W5

Cocktails, punchs et sangrias

80 recettes parfaites pour relaxer, recevoir, et profiter de la vie!

Par Louis-Karl Tremblay

éditions

Table des matières

Introduction

La collection Malins Plaisirs propose des livres de recettes qui vous mettront l'eau à la bouche!
Des recettes originales à la portée de tous, de superbes photos et des sujets variés : une collection parfaite pour toutes les cuisines, et toutes les bouches!

Voici un livre indispensable qui vous transformera en parfait barman!

Du classique Gin tonic aux cocktails originaux qui feront sensation dans vos soirées, vous ne serez jamais pris au dépourvu. Parcourez le monde avec la Sangria et la Russian roulette, et préparez des punchs délicieux qui ne laisseront personne indifférent!

Bon appétit!

Gin Tonic

Populaire, simple et efficace, ce cocktail est parfait pour un 5 à 7 ou comme titre d'un roman de Raphaëlle Germain.

Remplir un verre de cubes de glace. Verser le gin et le soda tonique. Décorer avec une tranche de lime. Brasser avec un bâtonnet et servir.

Astuce

Vous pouvez ajouter un quartier de lime sur le bord du verre et presser un peu du jus de lime dans le cocktail. Essayez de remplacer la lime par des tranches de concombre pour une variante intéressante et rafraîchissante du Gin Tonic.

Ingrédients

30 ml de gin

Soda tonique

Glaçons

Quartiers de lime ou tranches de concombre

Bloody Mary

Ce cocktail a été inventé dans les années 1930 en l'honneur de Marie Tudor (surnommée Bloody Mary) qui a fait tuer des centaines de personnes en voulant rétablir la religion catholique en Angleterre.

Prendre un grand verre, y mettre quelques glaçons puis ajouter la vodka et le jus de citron. Poursuivre avec la sauce, le tabasco et les épices. Remuer à la cuillère et remplir le reste du verre avec du jus de tomate. Décorer avec une branche de céleri et une tranche de citron.

Ingrédients

45 ml de vodka

Jus de tomate

1 quartier de citron (jus)

1 trait de sauce Worcestershire

3 gouttes de tabasco

Glaçons

1 branche de céleri avec les feuilles et 1 tranche de citron pour la décoration

Sel de céleri

Sel et poivre au goût

Cosmopolitan

Bloody Caesar

Prendre un grand verre rempli de glaçons et ajouter la vodka.
Poursuivre avec la sauce, le tabasco et les épices.
Remuer à la cuillère et remplir le reste du verre avec le clamato.
Décorer avec une branche de céleri et un quartier de lime.

Astuce

Pour préparer votre Bloody Caesar dans un verre givré
avec du sel de céleri, mettez un peu de jus de citron
dans une assiette et un peu sel de céleri dans le fond
d'une autre. Trempez le col du verre dans le jus
et ensuite dans le sel. Votre verre est givré !

Ingrédients

45 ml de vodka

Clamato

1 trait de sauce Worcestershire

3 gouttes de tabasco

Glaçons

1 branche de céleri
et 1 tranche de lime

Sel de céleri

Sel et poivre au goût

Cosmopolitan

Ce cocktail un peu féminin doit toute sa réputation
à une série américaine. Il s'agit du cocktail préféré des
personnages de la populaire série *Sex and the City.*

Mettre tous les ingrédients dans un *shaker* avec de la glace et brasser
vigoureusement. Verser dans un verre à martini en filtrant le mélange.
Décorer avec une tranche de lime et servir.

Astuce

Vous pouvez préparer un White Cosmopolitan
avec du jus de canneberge blanche.

Ingrédients

40 ml de vodka

20 ml de Triple Sec
(ou autre liqueur d'orange :
Cointreau, Grand Marnier)

20 ml de jus de canneberge

10 ml de jus de lime

Glaçons

1 tranche de lime

Apple martini

Mettre tous les ingrédients dans un *shaker* avec de la glace et brasser vigoureusement. Verser dans un verre à martini en filtrant le mélange. Décorer avec de minces tranches de pommes et servir.

Ingrédients

40 ml de vodka

20 ml de liqueur de pomme (Manzana)

20 ml de jus de pomme

Glaçons

Tranches de pommes

Soho Tonic

Remplir un verre de cubes de glace. Verser la liqueur de litchi et le soda tonique. Terminer avec la grenadine. Mélanger délicatement et servir.

Ingrédients

30 ml de Soho (liqueur de litchi)

Soda tonique

5 ml de grenadine

Glaçons

Soho Tonic

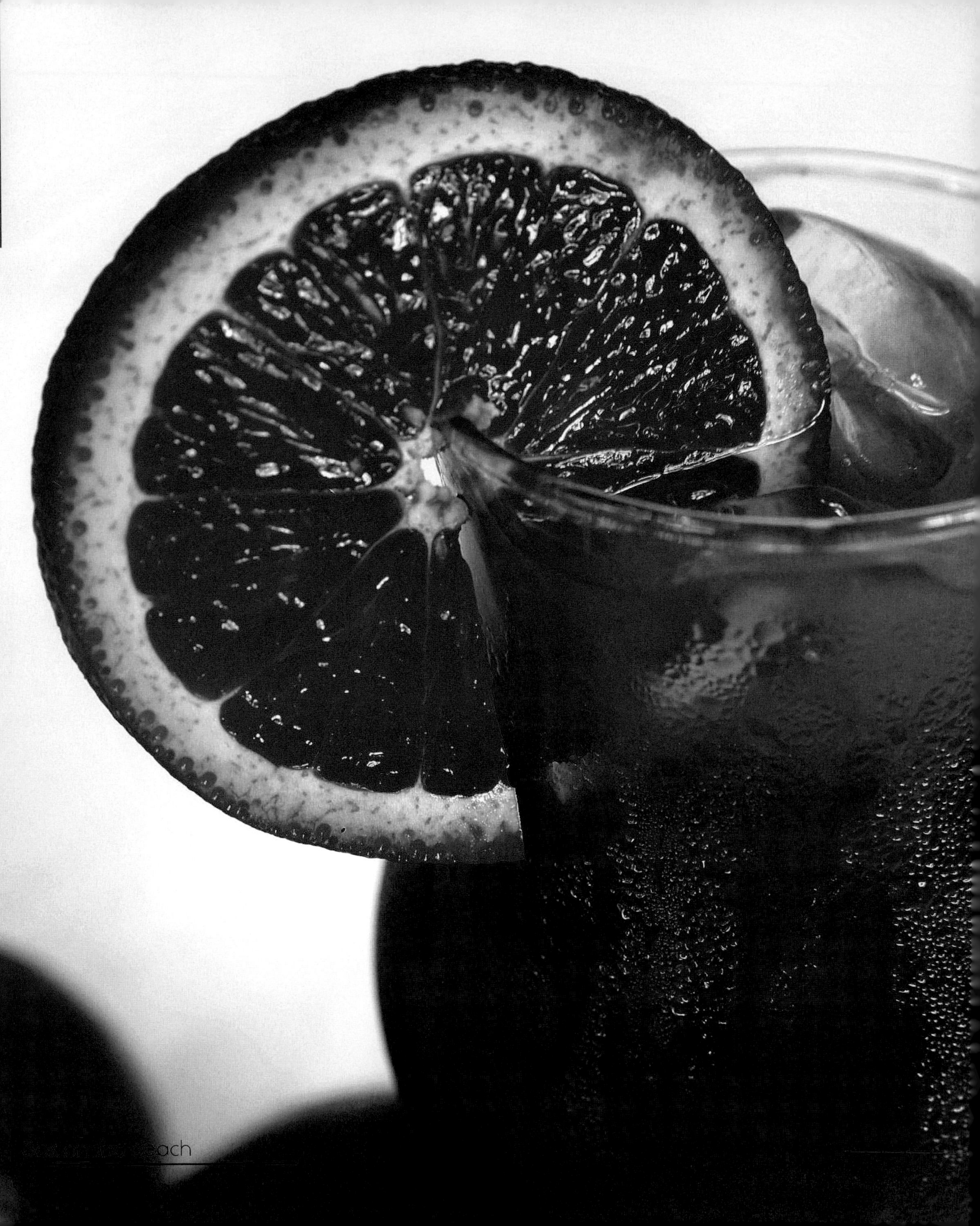

Sex on the beach

Dry martini

Le célèbre personnage de Ian Flemming Bond,
James Bond, prend toujours un Dry martini.

Mettre le gin et le vermouth dans un *shaker* avec quelques glaçons et
brasser. Filtrer le contenu et le verser dans un verre à martini. Décorer
avec 2 olives glissées sur un pique à cocktail et servir.

Astuce

Pour faire un Dirty martini, il suffit de suivre la même recette
en y ajoutant un peu de jus d'olive.

Ingrédients

30 ml de gin

10 ml de vermouth blanc

Glaçons

2 olives

Sex on the beach

Remplir un grand verre à cocktail de glaçons. Verser la vodka et le
schnapps. Compléter avec les jus. Terminer par un trait de grenadine.
Décorez le verre avec une tranche d'orange,
une cerise au marasquin et servir.

Ingrédients

60 ml de vodka

60 ml de schnapps à la pêche

60 ml de jus d'ananas
(peut être remplacé par du jus
d'orange ou de pamplemousse)

30 ml de jus de canneberge

1 trait de grenadine (au goût)

Glaçons

1 tranche d'orange
et 1 cerise au marasquin

Du sexe et une plage (au goût)

Tequila Sunrise

Verser la tequila et le jus d'orange dans un grand verre avec des glaçons.
Brasser et mettre ensuite la grenadine. Décorer avec une tranche d'orange
et servir.

Astuce

Placez un verre au congélateur au moins 1 heure et faites le cocktail dans
un verre givré.

Ingrédients

60 ml de tequila

130 ml de jus d'orange

15 ml de grenadine

Glaçons

1 tranche d'orange

La chanson de votre choix de La
Compagnie Créole

Kir

Faire le mélange directement dans une flûte à champagne. Décorer avec
quelques framboises sur un pique à cocktail et servir.

Astuce

Si vous remplacez le vin blanc par du champagne, vous obtenez
un Kir Royal.

Ingrédients

90 ml de vin blanc

10 ml de crème de cassis

Quelques framboises

Kir Royal

Mojito

Pina Colada

Dans un mélangeur, mélanger tous les ingrédients jusqu'à ce que la glace soit concassée et que le mélange soit onctueux. Décorer avec un quartier d'orange, une fleur exotique et servir.

Astuce

Vous pouvez ajouter un peu de sucre de canne au goût ou encore une pointe d'essence de vanille pour obtenir une recette unique.

Ingrédients

30 ml de rhum blanc

30 ml de rhum brun

40 ml de lait de coco

120 ml de jus d'ananas

8 glaçons

1 quartier d'orange et
1 fleur exotique

Un album de Barry Manilow pour sa chanson « Copacabana »

Mojito

Prendre un grand verre et verser le jus de lime, le sucre et les feuilles de menthe. À l'aide d'un pilon ou d'une cuillère en bois, écraser délicatement la menthe et mélanger les ingrédients. Ajouter la glace et le rhum. Mélanger. Compléter avec de l'eau gazeuse. Décorer avec une branche de menthe et une tranche de lime. Servir.

Astuce

Vous pouvez extraire le jus de la lime en la pilant dans le fond de votre verre et suivre les autres étapes ensuite.

Ingrédients

40 ml de rhum blanc

8 feuilles de menthe

1/2 demi-lime (jus)

1 c. à thé de sucre de canne brun
(ou de sucre blanc)

Eau gazeuse

Glace concassée (ou glaçons)

1 branche de menthe
et 1 tranche de lime

Caipirinha

Ce cocktail typiquement brésilien saura rafraîchir les plus chauds.
Dansez une samba et savourez une Caipirinha.

Laver la lime et la couper en quartiers. Mettre dans un verre
old-fashioned et écraser les quartiers à l'aide d'un pilon ou
d'une cuillère en bois pour en extraire le jus. Ajouter le sucre et brasser.
Compléter avec de la glace et arroser le tout de rhum. Servir.

Ingrédients

50 ml de rhum brésilien (cachaça)

1 lime

2 c. à soupe de sucre de canne
(liquide ou en poudre)

Glace concassée

Cuba libre

Si vous voulez impressionner vos amis, offrez-leur un Cuba libre
plutôt qu'un simple Rhum & Coke, même il s'agit du même cocktail.

Mettre des glaçons dans un verre. Verser le rhum et compléter avec le cola.
Terminer en pressant le jus de lime dans le verre et brasser. Servir.

Ingrédients

60 ml de rhum blanc

Coca-cola ou Pepsi

1/2 lime

Glaçons

Cuba libre

Daiquiri

Daiquiri aux fraises

Mettre tous les ingrédients dans un mélangeur et mélanger
pour obtenir une consistance homogène. Verser dans un
verre à cocktail. Décorer avec une fraise sur le bord du verre.
Servir.

Astuce

Vous pouvez remplacer les fraises fraîches par de la liqueur de fraise.
Vous pouvez également préparer un Daiquiri aux bananes
en remplaçant les fraises par une demi-banane
et en ajoutant un trait de crème de banane.

Ingrédients

50 ml de rhum blanc

8 fraises équeutées

1 c. à thé de sucre (au goût)

1/2 lime (jus)

8 à 10 glaçons

Daiquiri

Ce cocktail a été inventé par un ingénieur qui travaillait
dans une mine de fer appelée Daiquiri.

Mettre tous les ingrédients dans un *shaker* avec des glaçons.
Bien mélanger.
Filtrer le mélange et verser dans un verre à cocktail givré de sucre.
Décorer avec un quartier de lime et servir.

Astuce

Vous pouvez aussi servir le Daiquiri sur glace.
Si vous n'avez pas de Cointreau, n'hésitez pas à faire
cette recette quand même !

Ingrédients

60 ml de rhum blanc

1 trait de Cointreau

1 c. à thé de sucre
(liquide ou en poudre)

1/2 lime (jus)

Glaçons

1 quartier de lime

Ingrédients

50 ml de vodka

Jus d'orange

Glaçons

1 tranche d'orange

Screwdriver

Dans les années 20, époque de la prohibition de l'alcool aux États-Unis, les ouvriers sur les chantiers de construction dissimulaient l'alcool dans le jus d'orange. Pour mélanger leurs cocktails illégaux, ils utilisaient leur tournevis (screwdriver).

Mettre des glaçons dans un grand verre et y ajouter la vodka. Compléter en versant du jus d'orange. Décorer avec une tranche d'orange et servir.

Astuce

Vous pouvez faire ce que vous voulez avec de la vodka et un bon jus. Remplacez le jus d'orange par du jus de pamplemousse ou du jus de canneberge. Ou encore, ajoutez un peu d'eau gazeuse dans cette recette pour un peu plus de punch.

Ingrédients

60 ml de tequila

30 ml de liqueur d'orange (Triple Sec, Cointreau ou Grand Marnier)

1 lime (ou 1 citron) (jus)

1 c. à thé de sucre de canne (liquide ou en poudre)

1 dizaine de glaçons

1 tranche de lime

Un album de la sublime Glora Estefan

Margarita

Mélanger tous les ingrédients dans un mélangeur pour obtenir une consistance homogène. Décorer avec une tranche de lime et servir dans un verre à cocktail givré de sucre.

Astuce

Vous pouvez aussi mettre tous les ingrédients dans un *shaker*, bien mélanger et servir sur glace dans un verre à martini.

Margarita

Blue Lagoon

Margarita à la mangue

Mélanger tous les ingrédients dans un mélangeur
pour obtenir une consistance homogène.
Verser dans un verre à cocktail. Décorer avec quelques
feuilles de menthe et servir.

Astuce

Vous pouvez remplacer les mangues par des fraises ou encore
créer une combinaison mangues et fraises.
Laissez aller votre imagination.

Ingrédients

60 ml de tequila

30 ml de liqueur d'orange
(Triple Sec, Cointreau ou
Grand Marnier)

1 lime (ou 1 citron) (jus)

1 c. à thé de sucre de canne
(liquide ou en poudre)

1 dizaine de glaçons

1 mangue bien mûre pelée
et coupée en morceaux

30 ml de jus de mangue

Quelques feuilles de menthe

Blue Lagoon

Mettre tous les ingrédients dans un *shaker* avec de la glace.
Agiter vigoureusement et filtrer le mélange.
Servir dans un verre à martini.

Astuce

Vous pouvez remplacer le jus du citron par 20 ml
d'une bonne limonade ou encore par la même quantité
de jus d'ananas. Si vous faites une fête, passez pour vos
invités le célèbre film *Le Lagon Bleu* (v. f.) de Randal Kleiser
mettant en vedette Brooke Shields.

Ingrédients

40 ml de vodka

30 ml de curaçao bleu

1/2 citron (jus)

Ingrédients

30 ml de rhum blanc

30 ml de rhum brun

30 ml de liqueur d'orange
(Curaçao, Triple Sec, Cointreau ou
Grand Marnier)

1/2 lime (jus)

1 c. à thé de sucre de canne
(liquide ou en poudre)

1 trait de grenadine

Glaçons

Tranches d'ananas et cerises au
marasquin

Quelques feuilles de menthe

Une collection de colliers hawaïens
pour vos invités

Mai Tai

Mettre tous les ingrédients dans un *shaker* et agiter vigoureusement.
Verser dans un verre rempli de glaçons. Décorer avec une tranche
d'ananas, des cerises au marasquin et quelques feuilles de
menthe. Servir en offrant un collier hawaïen à vos invités.

Ingrédients

100 ml de bière noire

100 ml de cidre de pomme

Black Velvet

Dans un verre ou une pinte de bière, verser le cidre et ensuite la bière noire.
Ne pas brasser et servir.

Astuce

Vous pouvez remplacer le cidre de pomme par du champagne
ou par un bon mousseux.

Black Velvet

Black Russian

La Sauterelle

Verser la crème de menthe et le Kalhua dans un verre rempli de glaçons. Compléter la préparation avec du lait. Décorer avec des tranches de pommes, un zeste d'orange et servir.

Astuce

Vous pouvez remplacer le Kalhua par du Tia Maria.

Ingrédients

40 ml de crème de menthe verte

20 ml de Kalhua

Lait

Glaçons

Tranches de pommes
et zeste d'orange

Black Russian

Verser d'abord le Kalhua et ensuite la vodka dans un verre rempli de glaçons. Servir sans remuer le mélange. Brasser avant de boire.

Astuce

Pour faire un White Russian, ajoutez du lait au cocktail. Vous pouvez aussi préparer ce cocktail en *shooter* en diminuant les doses de moitié.

Ingrédients

50 ml de vodka

20 ml de Kalhua
(ou autre liqueur de café)

Glaçons

Amaretto Sour

Préparer le cocktail directement dans un verre rempli de glace.
Brasser.
Décorer avec des quartiers de citron et servir.

Ingrédients

50 ml d'amaretto

1/2 citron (ou 1/2 lime) (jus)

1 c. à thé de sucre (au goût)

Quartiers de citron

Glaçons

Alabama Slammer

Verser l'amaretto et le Southern Comfort dans un verre *old-fashioned*
rempli de glace. Compléter avec le jus d'orange. Mélanger,
décorer avec un quartier d'orange et servir.

Ingrédients

30 ml d'amaretto

30 ml de Southern Comfort

Jus d'orange

Glaçons

1 quartier d'orange

Astuce

Pour le goût et le look du cocktail, vous pouvez ajouter un trait
de grenadine avant de servir.

Alabama Slammer

Matator

Mimosa

Ce cocktail se sert habituellement le matin au brunch
ou lors d'une occasion très spéciale.

Verser le champagne et la liqueur d'orange dans une flûte
à champagne et compléter avec le jus d'orange.
Décorer avec une tranche d'orange et jeter une cerise
au marasquin au fond du verre. Servir.

Astuce

La liqueur d'orange n'est pas essentielle pour la préparation
de cette recette. Ne vous privez pas si vous n'avez pas cet ingrédient
et que vous voulez célébrer.

Ingrédients

30 ml de champagne
(ou 1 bon mousseux)

1 trait de liqueur d'orange
(Triple Sec, Cointreau
ou Grand Marnier)

Jus d'orange

1 tranche d'orange
et 1 cerise au marasquin

1 matin spécial pour célébrer

Matator

Mélanger tous les ingrédients dans un mélangeur
pour obtenir une consistance homogène.
Verser dans un verre à cocktail. Décorer avec une
tranche d'ananas et servir.

Ingrédients

50 ml de tequila
90 ml de jus d'ananas
1/2 lime (jus)
1 dizaine de glaçons
1 tranche d'ananas

Spritz ou Spritzer

Mettre le vin blanc et le campari dans un verre *old-fashioned* rempli de glace. Compléter avec de l'eau gazeuse.

Ingrédients

70 ml de vin blanc

40 ml de campari

Eau gazeuse

Glaçons

Astuce

Vous pouvez préparer la recette sans campari. Un vin simple devient un apéritif rafraîchissant avec de l'eau gazeuse.

Banana Split

Préparer directement dans un verre rempli de glace. Décorer avec une demi-banane et une cerise au marasquin. Servir.

Ingrédients

30 ml de Bailey's

30 ml de crème de banane

30 ml de lait

Glaçons

1/2 banane
et 1 cerise au marasquin

Astuce

Vous pouvez ajouter à votre mélange un trait de liqueur de cacao pour un cocktail plus chocolaté.

Banana Split

Paradis

Flotteur à l'orange

Mettre tous les ingrédients liquides dans un verre
old-fashioned et brasser. Ajouter délicatement une boule
de crème glacée à la vanille sur le dessus du mélange.
Décorer avec un quartier d'orange et servir.

Ingrédients

20 ml de liqueur d'orange

20 ml de vodka

60 ml de jus d'orange

1 boule d'une bonne
crème glacée à la vanille

1 quartier d'orange

Paradis

Un péché pour les amateurs de boisson à l'anisette.

Mettre des glaçons dans un verre. Verser le Pernod et la vodka. Brasser.
Compléter la préparation avec de l'eau gazeuse.
Ajouter délicatement un trait de grenadine.
Décorer avec une tranche de citron et servir.

Ingrédients

45 ml de Pernod

45 ml de vodka

Eau gazeuze

Un trait de grenadine

Glaçons

1 tranche de citron

Road Runner

Mettre tous les ingrédients dans un *shaker* et brasser vigoureusement.
Filtrer le mélange et servir dans un grand verre.

Astuce

Vous pouvez ajouter une boule de crème glacée sur le dessus du
cocktail ou une boule d'un bon sorbet au *coconut*.

Ingrédients

80 ml de vodka

40 ml d'amaretto

40 ml de lait de coco

Glaçons

Bellini

Mettre les glaçons dans un *shaker* et y ajouter la vodka et le schnapps.
Brasser vigoureusement. Filtrer et verser dans une flûte à champagne.
Compléter la préparation avec du champagne. Déposer un ou 2
quartiers de pêche dans le verre et servir.

Astuce

Pour plus de saveur, ajoutez un peu de jus de pêche au cocktail.

Ingrédients

80 ml de vodka

30 ml de schnapps à la pêche

Du champagne
(ou 1 bon mousseux)

Glaçons

Quartiers de pêche

Bellini

Cardio libido ginger

Champagne litchi-pamplemousse

Dans un *shaker* rempli de glaçons, mettre le jus de litchi, le jus de pamplemousse et le campari. Brasser vigoureusement. Verser dans une flûte à champagne et compléter avec le champagne. Décorer avec une tranche de pamplemousse et servir.

Astuce

Vous pouvez remplacer le jus de litchi par 15 ml de Soho.

Ingrédients

30 ml de campari

30 ml de jus de litchi

30 ml de jus de pamplemousse

Du champagne
(ou 1 bon mousseux)

Glaçons

1 tranche de pamplemousse

Cardi libido ginger

Le gingembre est réputé pour ses propriétés aphrodisiaques. Ce cocktail vous revigorera la libido à coup sûr.

Mettre les feuilles de menthe dans un *shaker* et les écraser avec une cuillère en bois. Ajouter des glaçons et tous les ingrédients dans le *shaker*. Brasser vigoureusement, filtrer et verser dans un verre *old-fashioned*. Ajouter de la glace au goût et servir.

Ingrédients

60 ml de rhum blanc

1 c. à thé de gingembre râpé

25 ml de jus d'orange

1 citron (jus)

125 ml d'eau

2 c. à thé de sucre (au goût)

8 feuilles de menthe

Glaçons

Moss Breeze

Mettre tous les ingrédients dans un *shaker* rempli de glace
et brasser vigoureusement. Verser dans un grand verre.
Décorer avec un quartier de pamplemousse, une cerise
au marasquin et quelques feuilles d'ananas. Servir.

Ingrédients

60 ml de vodka

40 ml de jus de canneberge

40 ml de jus d'ananas

Glaçons

1 quartier de pamplemousse
et 1 cerise au marasquin

Quelques feuilles d'ananas

Zombie

Mettre tous les ingrédients dans un *shaker* rempli de glace
et brasser vigoureusement. Verser dans un grand verre à cocktail.
Ajouter un trait de grenadine à la toute fin. Décorer
avec des tranches de pomme et servir.

Ingrédients

45 ml de rhum brun

45 ml de rhum blanc

20 ml d'apricot brandy

1/2 lime

50 ml de jus d'ananas

15 ml de sucre de canne (au goût)

1 trait de grenadine

Glaçons

Tranches de pomme

Zombie

Orgasma

Anis Surprise

Préparer dans un verre *old-fashioned* rempli de glaçons.
Verser la crème de cassis, le Ricard et finalement l'eau.
Mélanger. Décorer avec une tranche de citron et servir.

Astuce

Vous pouvez remplacer la crème de cassis par une liqueur
de fraise et obtenir un résultat tout aussi réjouissant.

Ingrédients

20 ml de Ricard
(ou autre spiritueux à l'anis)

50 ml d'eau

10 ml de crème de cassis

Glaçons

1 tranche de citron

Orgasma

Mettre tous les ingrédients dans un *shaker* rempli de glace
et brasser vigoureusement. Verser dans un verre et décorer
avec une pincée de cacao. Servir.

Ingrédients

40 ml de Bailey's

40 ml d'amaretto

40 ml de Khalua

Glaçons

1 pincée de cacao

Manhattan

Dans un *shaker* rempli de glace, verser le whisky, le vermouth et l'Angostura. Brasser vigoureusement. Filtrer le mélange et verser dans un verre à martini. Décorer avec une cerise au marasquin et servir.

Ingrédients

40 ml de whisky

20 ml de vermouth

1 trait d'Angostura

1 cerise au marasquin

Glaçons

After Eight

Pour ceux qui adorent le chocolat du même nom, ce cocktail vous réjouira.

Mettre tous les ingrédients dans un *shaker* avec quelques glaçons. Filtrer le mélange et le verser dans un verre à *shooter*. Compléter avec de la crème. Servir et boire d'un trait.

Ingrédients

25 ml de crème de menthe

25 ml de crème de cacao

10 ml de brandy

Crème 10%

Glaçons

Astuce

Pour créer l'effet étage dans le verre à *shooter*, versez la crème sur une cuillère à café appuyée sur le verre.

After Eight

Windex shoot

Le Brave

Mettre le Kalhua et la tequila directement dans un verre à *shooter*.
Servir et boire d'un trait. Mordre ensuite dans le quartier de lime.

Ingrédients

20 ml de Kalhua
40 ml de tequila
Un quartier de lime

Windex Shoot

Ce *shooter* porte ce nom à cause
de sa ressemblance au produit nettoyant.

Mettre tous les ingrédients directement dans un verre à *shooter*.
Servir et boire d'un trait.

Ingrédients

30 ml de vodka
15 ml de curaçao bleu
5 ml de Triple Sec
1 quartier de lime (jus)

Bloody Vodka

Prendre 2 verres à *shooter*. Dans le premier, verser la vodka et le jus de citron. Dans le 2ième, verser le clamato et ajouter un trait de tabasco. Servir les 2 *shooter*s. Boire d'un trait un *shooter* à la fois.

Astuce

Vous pouvez remplir un troisième verre à *shooter* de jus de citron. Dans l'ordre, buvez le *shooter* de clamato, la vodka et finalement le jus de citron.

Ingrédients

60 ml de vodka

60 ml de clamato

1 trait de tabasco (au goût)

1 quartier de lime (jus)

1 quartier de citron (ou de lime)

1 pincée de sel

Cerveau

Ce shooter est parfait pour une soirée d'Halloween. Il est tout à fait dans la thématique des zombies et des morts vivants.

Directement dans un verre à *shooter*, verser le schnapps. Ensuite, verser très délicatement le Bailey's. Terminer avec un trait de grenadine. Servir et boire d'un trait ce cerveau saignant.

Ingrédients

40 ml de schnapps à la pêche

20 ml de Bailey's

1 trait de grenadine

Cerveau

Mojito chaud

Upper Cut

Verser l'amaretto dans un petit verre à *shooter*.
Verser le jus d'orange dans un verre plus grand et déposer le verre
d'alcool dans le verre de jus. Boire d'un trait.

Astuce

Vous pouvez remplacer le Southern Comfort par de la vodka

Ingrédients

20 ml d'amaretto

10 ml de Southern Comfort

30 ml de jus d'orange

Mojito chaud

Faire infuser le sachet de thé dans l'eau chaude.
Pendant ce temps, prendre une tasse et y mettre le jus de lime,
le sucre et les feuilles de menthe. À l'aide d'un pilon ou d'une
cuillère en bois, écraser délicatement la menthe et mélanger
les ingrédients. Ajouter le rhum et mélanger. Remplir le
reste du verre avec l'infusion de thé. Décorer avec une branche
de menthe et des quartiers de lime. Servir.

Ingrédients

40 ml de rhum blanc

8 feuilles de menthe

1/2 lime (jus)

1 c. à thé de sucre de canne brun
(ou de sucre blanc)

Eau chaude

1 sachet de thé noir

1 branche de menthe

Quartiers de lime

Hot Porto

Pour 2 ou 3 personnes

Dans un chaudron, mettre l'eau, le sucre, le porto, le poivre, la cannelle et les tranches de citron. Porter le mélange à ébullition et retirer du feu. Laisser infuser quelques minutes. Filtrer et verser dans une tasse. Décorer avec un quartier d'orange et la julienne de pomme. Servir.

Ingrédients

90 ml de porto

750 ml d'eau

1 pincée de cannelle en poudre

1 pincée de poivre

1 c. à thé de sucre

1/2 citron coupé en tranches

1/2 pomme tranchée en julienne

1 quartier d'orange

Chocolat chaud Bailey's

Parfait après une journée de ski. À boire sur une peau d'ours près d'un foyer en écoutant du jazz.

Dans un verre à *milk-shake* ou une tasse, verser le Baley's et le whisky. Compléter avec le chocolat chaud. Garnir la tasse de crème fouettée. Décorer avec une gaufrette et du sirop de chocolat. Servir.

Ingrédients

30 ml de Bailey's

15 ml de whisky

Chocolat chaud

Crème fouettée

Sirop de chocolat

Gaufrette

Astuce

Vous pouvez ajouter un trait de sirop d'érable dans la tasse avant d'ajouter le chocolat chaud.

Chocolat chaud Bailey's

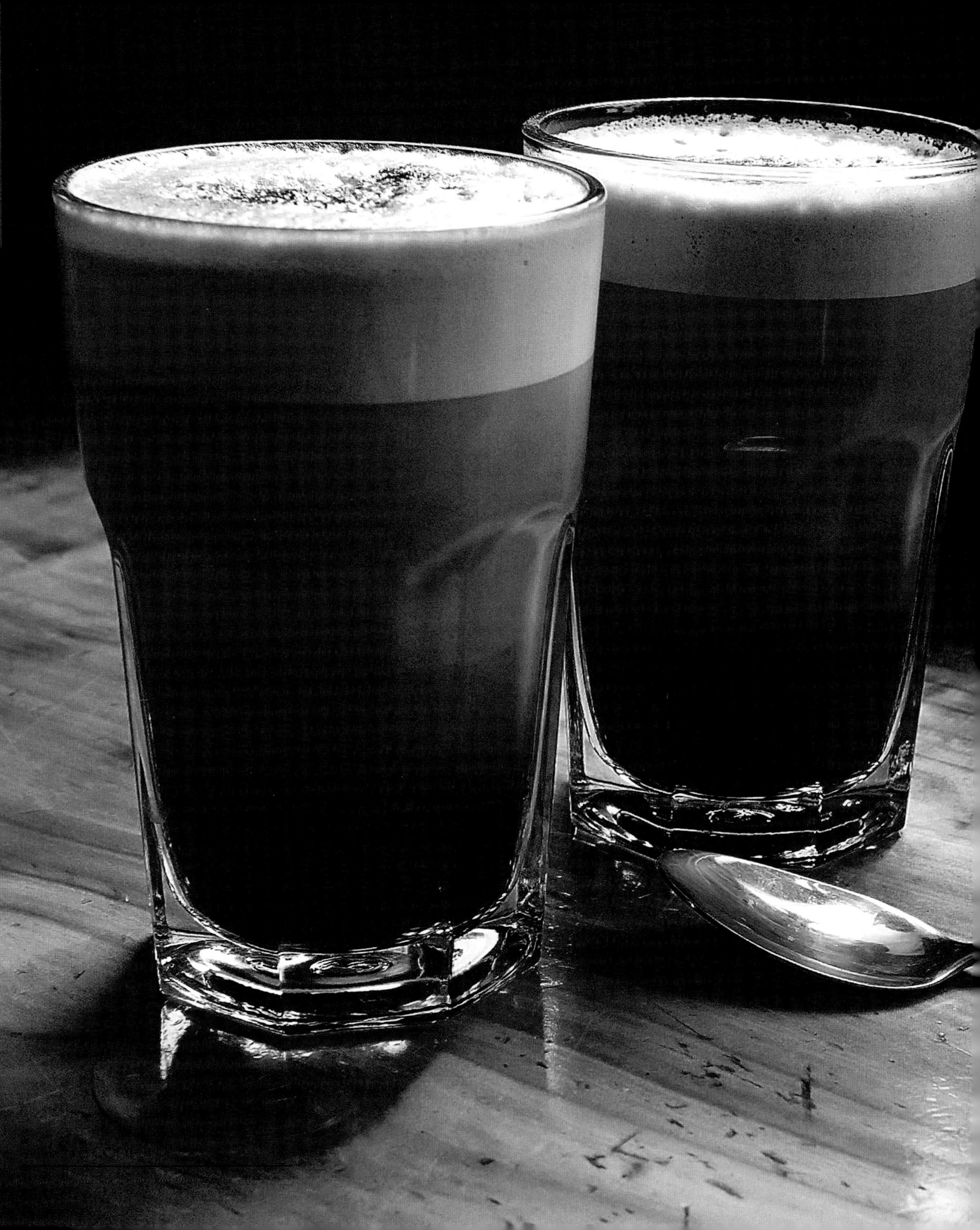

Café brésilien

Dans une tasse, verser le brandy, la liqueur d'orange,
le Kalhua et brasser. Compléter la préparatiom avec le café chaud.
Ajouter délicatement la crème et servir.

Ingrédients

20 ml de brandy

20 ml de liqueur d'orange
(Triple Sec, Grand Marnier
ou Cointreau)

20 ml de Kalhua
(ou autre liqueur de café)

Café chaud

20 ml de crème 10% (au goût)

Café réconfort

Un cocktail-dessert réconfortant et rassurant
pour une froide soirée d'hiver.

Dans une tasse, verser le Bailey's, l'amaretto, le Kalhua et brasser.
Compléter la préparation avec le café chaud et servir.

Ingrédients

15 ml de Bailey's

15 ml d'amaretto

15 ml de Kalhua

Café (de préférence
un expresso allongé)

Astuce

Vous pouvez garnir ce délicieux breuvage de lait moussé
ou encore de crème fouettée.

Café espagnol

Dans une tasse, verser le rhum, le Kalhua et brasser.
Compléter la préparation avec le café chaud et ajouter
de la crème fouettée sur le dessus du cocktail.
Décorer avec un sirop de chocolat et servir.

Ingrédients

20 ml de rhum brun

20 ml de Kalhua

Café chaud

Crème fouettée

Sirop de chocolat

Vin chaud

Dans une casserole, faire bouillir tous les ingrédients environ 5 minutes.
Mettre le feu au minimum et laisser infuser le mélange une vingtaine de
minutes. Filtrer le mélange et servir dans une tasse.

Ingrédients

150 ml de vin rouge

1/2 citron (jus)

1 pincée de cannelle

3 clous de girofle

10 ml de sucre (au goût)

Vin chaud

Limonade à la vodka

Café irlandais

Verser le whisky et le sucre dans une tasse. Brasser.

Ajouter le café chaud.

Couvrir le dessus de la tasse de crème fouettée.

Ingrédients

60 ml de whisky

Sucre (au goût)

Café chaud

Crème fouettée

Limonade à la vodka

Journée ensoleillée, costume de bain, *beach party*, BBQ,
piscine et autres plaisirs d'été se célèbrent avec
une limonade alcoolisée.

Couper les limes en 2 et presser leur jus dans une carafe.
Réserver. Dans un chaudron, faire bouillir l'eau et retirer du feu.
Ajouter à l'eau bouillie les pelures de limes pressées, le sucre,
le sel et laisser infuser pendant 15 minutes. Bien mélanger
et verser dans la carafe en prenant soin de retirer les pelures
de limes. Ajouter la vodka et mettre au réfrigérateur pendant
au moins 2 heures. Au moment de servir, ajouter des glaçons
dans le mélange et servir dans des verres décorés
de quartiers de lime.

Ingrédients

350 ml de vodka

6 limes

750 ml d'eau bouillante

130 ml de sucre

1 pincée de sel

Glaçons

Quartiers de lime

Sangria Ariana

Verser le vin rouge, le rhum et la liqueur d'orange dans un grand bol à punch et mélanger. Ajouter le jus d'orange, le jus de pomme, le jus de lime et mélanger à nouveau. Réfrigérer pendant au moins 2 heures. Au moment de servir, ajouter l'eau gazeuse, le soda au gingembre et les fruits congelés. Servir dans des verres à punch.

Astuce

Les fruits congelés remplacent les glaçons. Si vous n'avez pas de baies congelées, mettez donc des glaçons.

Ingrédients

750 ml de vin rouge

150 ml de rhum brun

60 ml de liqueur d'orange (Triple Sec, Grand Marnier ou Cointreau)

200 ml de jus de pomme

200 ml de jus d'orange

200 ml de soda au gingembre

200 ml d'eau gazeuse

1 lime (jus)

300 ml de baies mélangées congelées

Une dizaine d'amis (au goût)

Bombe canneberge

Mettre le jus d'orange, le jus de canneberge, le gingembre, le sucre et les épices dans une casserole. Porter le mélange à ébullition et retirer du feu. Filtrer le mélange et le verser dans une carafe. Ajouter la vodka et réfrigérer au moins 2 heures. Décorer avec des canneberges ou des groseilles. Servir dans des verres remplis de glaçons.

Astuce

La Bombe canneberge peut aussi être servie chaude.
Porter la vodka à ébullition et l'ajouter avant de servir dans des tasses.

Ingrédients

750 ml de vodka

600 ml de jus de canneberge

600 ml de jus d'orange

150 ml d'eau

1 c. à thé de gingembre râpé

2 clous de girofle

1 pincée de poivre

1 pincée de muscade moulue

1 c. à thé de sucre (au goût)

Glaçons

Canneberges ou groseilles

Punch ananas-rhum

Punch melon

Mélanger tous les ingrédients dans un mélangeur
pour obtenir une consistance homogène et onctueuse.
Servir dans des verres décorés avec un morceau de melon.

Ingrédients

400 ml de vodka

900 ml de jus d'orange

1/2 melon d'eau coupé
en dés sans la pelure ni les pépins

Quelques tranches de melon
pour la décoration

2 limes (jus)

1 c. à thé de sucre (au goût)

10 glaçons

Punch ananas-rhum

Dans un grand bol à punch ou un saladier, faire fondre le sucre
dans le jus d'ananas. Ajouter le jus d'orange, le jus de citron,
le rhum et mélanger. Ajouter une bonne quantité de glaçons.
Au moment de servir, ajouter le soda au gingembre.
Servir dans des verres décorés avec une tranche d'ananas.

Astuce

Vous pouvez remplacer le jus d'orange
par le jus de 6 oranges fraîches pressées.

Ingrédients

750 ml de rhum brun

1 l de jus d'ananas

1 l de soda au gingembre
(ou d'eau gazeuse)

120 ml de jus d'orange

6 citrons (jus)

60 ml de sucre

Glaçons

Tranches d'ananas

Long Island iced tea

Préparer directement dans un pichet rempli de glaçons.
Mettre tous les ingrédients sauf le cola et mélanger.
Ajouter le cola. Servir dans des grands verres décorés
avec des tranches de lime.

Astuce

Vous pouvez remplacer la moitié du cola par du thé glacé.

Ingrédients

200 ml de vodka

200 ml de gin

200 ml de rhum

200 ml de tequila

200 ml de Triple Sec

450 ml de cola

150 ml de jus de citron

Glaçons

Tranches de lime

Sangria blanche

Pour environ 20 personnes

Verser 1 litre de vin blanc dans une casserole avec la moitié du sucre,
les clous de girofle, la cannelle, le poivre blanc. Porter à ébullition.
Retirer du feu et laisser infuser le mélange pendant environ 1 heure.
Pendant ce temps, couper les oranges, les pêches, les citrons et réserver.
Dans un grand bol, verser l'infusion, le reste du vin, le reste du sucre et le
Grand Marnier. Ajouter les fruits coupés. Bien mélanger. Réfrigérer le
mélange pendant au moins 4 heures. Au moment de servir,
ajouter la limonade bien froide. Verser dans les verres sans oublier
de mettre des fruits dans chacun d'eux.

Ingrédients

5 l de vin blanc sec

150 ml de Grand Marnier

1 l de limonade

400 ml de sucre

3 oranges

5 pêches

3 citrons

4 bâtons de cannelle

3 clous de girofle

1 pincée de poivre blanc

Astuce

Plus vous laissez le mélange au réfrigérateur, plus les fruits
prendront le goût de la sangria. Pour de meilleurs résultats,
faites votre sangria 24 heures à l'avance.

Sangria blanche

Sangria rouge

Champagne punch

Dans un grand bol à punch ou un saladier, mettre le jus d'orange,
le jus d'ananas, le jus de citron, les cerises et leur jus.
Bien mélanger et réfrigérer pendant au moins 2 heures.
Au moment de servir, ajouter le champagne et les tranches de citron.
Servir dans des verres remplis de glaçons.

Astuce

Vous pouvez remplacer la moitié du champagne par du
soda au gingembre pour un punch moins alcoolisé.

Ingrédients

750 ml de champagne
(ou 1 bon mousseux)

1 l de jus d'ananas

1 l de jus d'orange

250 ml de cerises rouges
au marasquin et leur jus

2 citrons (jus)

1 citron coupé en tranches

Glaçons

Sangria rouge

Pour environ 20 personnes

Couper les pommes, les oranges, les pêches, le citron, arranger
les raisins et réserver le tout. Dans un très grand bol, mettre le
vin rouge, le Triple Sec, le jus d'orange, le jus de citron,
la vanille, la cannelle et le sucre. Bien mélanger.
Ajouter tous les fruits mis de côté et réfrigérer pour au
moins quatre heures. Au moment de servir, ajouter
l'eau gazeuse bien froide. Verser dans les verres sans oublier
de mettre des fruits dans chacun d'eux.

Astuce

Vous pouvez remplacer le Triple Sec par la même quantité
de porto ou de brandy.

Ingrédients

5 l de vin rouge

300 ml de Triple Sec
(ou de cointreau)

80 ml de jus d'orange

50 ml de jus de citron

2 gousses de vanille
(ou 2 traits d'essence de vanille)

1 c. à thé de cannelle (facultatif)

1,5 l d'eau gazeuse
(ou de soda au gingembre)

200 ml de sucre

3 pommes

3 oranges

1 citron

1 grappe de raisin

3 pêches

Punch coup de poing

Dans un grand bol à punch ou un saladier, mélanger tous les ingrédients et réfrigérer au moins 2 heures. Couper les oranges, les citrons et réserver. Au moment de servir, ajouter les fruits tranchés au mélange. Servir.

Astuce

Pour ne pas que le punch tiédisse, disposez des glaçons près des verres. Pour ne pas perdre le goût du punch, faites des glaçons de jus de pamplemousse ou d'ananas pour vos invités.

Ingrédients

850 ml de rhum (blanc ou brun)

5 l de jus d'ananas

1 l de jus de pamplemousse

750 ml de jus d'orange

125 ml de jus de citron

2 citrons

2 oranges

Punch exotique

Dans un mélangeur électrique, broyer les fruits jusqu'à l'obtention d'un mélange homogène. Verser ce mélange dans un grand bol et ajouter le jus d'ananas et le rhum. Mélanger. Ajouter l'essence de vanille, la cannelle et la muscade. Mélanger. Réfrigérer au moins 2 heures. Avant de servir, bien mélanger et verser dans des verres à punch.

Ingrédients

450 ml de rhum

1,5 l de jus d'ananas

3 bananes coupées en tranches

1 grosse mangue dénoyautée et coupée

1 c. à thé d'essence de vanille

1 pincée de cannelle

1 pincée de muscade

Punch exotique

Punch de ma grand-mère

Slammer punch

Mélanger tous les ingrédients dans un mélangeur
pour obtenir une consistance homogène.
Verser le mélange dans un bol à punch. Servir dans des
verres remplis de glaçons et décorer avec une tranche
de papaye ou d'orange.

Ingrédients

280 ml de vodka

4 oranges (jus)

2 petites papayes épluchées,
dénoyautées et coupées

2 bananes coupées en tranches

2 limes (jus)

280 ml de sirop de sucre de canne

1 douzaine de glaçons

Tranches de papaye ou d'orange

Punch de
ma grand-mère

Toutes les grands-mères ont des recettes de punch
pour les grandes occasions. Si vous aimez les cerises
au marasquin, cette recette est pour vous.

Dans un grand bol à punch ou une carafe remplie de glaçons,
verser le jus des citrons. Ajouter le curaçao, le brandy, le vin,
la liqueur de marasquin et le sucre. Brasser. Avant de servir,
ajouter l'eau gazeuse le champagne.
Décorer les verres avec des tranches de lime,
de citron et des cerises au marasquin. Servir.

Astuce

Vous pouvez remplacer le brandy par du cognac.

Ingrédients

750 ml de champagne
(ou 1 bon mousseux)

300 ml de curaçao
(ou Triple Sec)

150 ml de brandy

150 ml de vin de xérès

300 ml de liqueur de marasquin
(Giffard)

3 citrons (jus)

500 ml d'eau gazeuse

2 c. à thé de sucre (au goût)

Glaçons

Tranches de lime et de citron

Cerises au marasquin

Litchis punch

Dans un grand bol à punch rempli de glaçons, verser le gin, le Soho, le jus de litchi et la limonade rose. Brasser. Ajouter les litchis et l'eau gazeuse et mélanger délicatement. Servir dans des verres à punch.

Ingrédients

250 ml de gin

50 ml de Soho au litchi

100 ml de jus de litchi

2 l d'eau gazeuse

1 l de limonade rose

1 boîte de conserve de litchis
(ou des litchis frais)

Astuce

Vous pouvez remplacer la limonade rose par du jus de canneberge ou encore du jus de pamplemousse. Si vous aimez le punch plus sucré, remplacez l'eau gazeuse par du Seven Up .

Tequila punch

Dans un grand bol à punch ou un saladier, mélanger tous les ingrédients et réfrigérer au moins 2 heures. Servir dans des verres à punch remplis de glace et décorer avec un bâton de cannelle.

Ingrédients

1 l de tequila

60 ml de curaçao

90 ml de sirop d'orgeat (Giffard)

1 l de jus de pamplemousse

1 c. à thé d'Angostura

1 l de thé

1 pincée de cannelle

1 bâton de cannelle

Glaçons

Tequila punch

Sangria pamplemousse

Tinto de verano

En Espagne, le tinto de verano se déguste
pendant la canicule à l'ombre.

Mélanger les ingrédients dans un grand verre
de type tumbler et remplir de glaçons. Servir avec une paille.

Ingrédients

50 ml de vin rouge (fruité)
1 tranche de citron ou de lime
Eau gazeuse
Glaçons

Sangria pamplemousse

La plus rafraîchissante des sangrias.

Faire tremper les tranches de fruits dans le rhum
et le Triple Sec pendant quelques heures.
Mélanger ensuite les ingrédients bien froids dans un grand pichet.
Remuer délicatement et servir dans des verres remplis de glaçons.
Ajouter un trait de grenadine pour mettre de la couleur.

Ingrédients

750 ml de vin blanc
100 ml de Triple Sec
100 ml de rhum blanc
200 ml de jus de
pamplemousse blanc
300 ml d'eau gazeuse
Tranches de pamplemousse et
d'orange
Glaçons
Grenadine (facultatif)

Upper cut de taverne

Pour impressionner vos invités : un cocktail qui sort de l'ordinaire.

Verser l'amaretto dans un petit verre à *shooter*.

Verser la bière et le cola bien froids dans un verre court

mais large (de type *old-fashioned*).

Placer le verre à *shooter* dans le grand verre. Boire d'un trait.

Ingrédients

45 ml d'amaretto

50 ml de bière rousse ou brune

50 ml de Coca-Cola, Pepsi
ou Dr Pepper

Ti'punch

Ingrédients

60 ml de rhum brun
(préférablement un rhum agricole)

20 ml de sirop de canne

20 ml de jus de lime
fraîchement pressée

1 tranche de lime

Glaçons

Mélanger vigoureusement les ingrédients liquides

et les glaçons dans un *shaker* et servir dans un petit verre

de type *old-fashioned*.

Ajouter quelques glaçons et 1 tranche de lime.

Ti'punch

Le punch des Caraïbes

Le coup de noix

Mélanger les ingrédients au *shaker* et verser
dans un grand verre à *shooter* en ayant soin de retenir les glaçons.

Ingrédients

30 ml d'amaretto

30 ml de Frangelico
(liqueur de noisette)

Glaçons

Le punch des Caraïbes

Mélanger les ingrédients dans un grand verre. Déguster au soleil.

Ingrédients

45 ml de rhum brun

30 ml de Triple Sec (ou Cointreau,
Grand Marnier, Curaçao)

90 ml de jus de goyave

60 ml de jus d'orange

1/2 lime (jus)

1 cerise au marasquin

Sirop de marasquin ou grenadine

Glaçons

Red Velvet

Lorsque l'aristocratie française se déchaîne

Verser les ingrédients directement dans une flûte à champagne.

Ingrédients

90 ml de champagne

45 ml de porto rouge

1 trait d'armagnac (ou de cognac)

Calimucho

Abondant, facile à faire et à boire, les étudiants espagnols
en abusent.

Mélanger les ingrédients dans un grand verre ou un pichet
ou alors directement dans les bouches avec un entonnoir.
C'est meilleur froid, mais on s'en fiche.

Ingrédients

100 ml de vin rouge
(gros rouge qui tache)

100 ml de Coca-Cola
(ou autre cola)

Glaçons

Calimucho

Hasta siempre

La cochonne

Mélanger les ingrédients au *shaker* et verser
dans des verres à *shooter* en prenant soin de retenir les glaçons.

Astuce

Vous pouvez remplacer le Bailey's par de l'Amarula.

Ingrédients

60 ml de jus d'ananas

30 ml de Bailey's

30 ml d'amaretto

Glaçons

Hasta siempre

Mélanger les ingrédients au *shaker* et servir dans un verre à martini.

Ingrédients

45 ml de curaçao bleu

30 ml rhum blanc

60 ml de jus d'ananas

Glaçons

Tequilano

Mélanger les ingrédients dans un verre court de style *old-fashioned*.

Ingrédients

45 ml de tequila

30 ml de cinzano rouge

60 ml de jus d'orange

Glaçons

Variante

Vous pouvez remplacer le cinzano par un autre type de vermouth blanc ou rouge.

« Cocombre »

Dans un verre court, écraser légèrement les tranches de concombre avec une cuillère. Verser le gin, mélanger quelques secondes et ajouter des glaçons, puis verser un trait d'eau gazeuse..

Ingrédients

60 ml de gin

3 tranches de concombre

45 ml d'eau gazeuse

1 trait de jus de lime (facultatif)

Glaçons

Astuce

Pour un meilleur coup d'œil, retirez les tranches de concombre écrasées après les avoir mélangées au gin et remplacez-les par des tranches intactes.

« Cocombre »

Pommito

Cercueil

Ici, la fantaisie est de mise.
La seule décision cruciale est la taille du verre

Astuce

Vous pouvez remplacer le courage par de la témérité.

Ingrédients

Tout alcool qui vous tombe
sous la main

Courage (facultatif)

Pommito

Dans un grand verre, verser le jus de lime, le sucre et les feuilles
de menthe. Écraser les ingrédients avec un pilon
ou une cuillère en bois. Ajouter les glaçons,
les alcools et mélanger. Remplir d'eau gazeuse,
Décorer avec les quartiers de lime et les tranches de pomme verte.

Astuce

Pour un verre plus costaud, ajoutez un trait de calvados
ou remplacez l'eau gazeuse par un cidre de pomme
bien pétillant ou pourquoi pas les 2 !

Ingrédients

45 ml de rhum blanc

30 ml de liqueur de pomme verte
(Manzana)

8 feuilles de menthe fraîche

1/2 lime (jus)

1 c. à thé de sucre brun ou blanc

Eau gazeuse (ou cidre pétillant)

2 quartiers de lime

2 tranches de pomme verte

Black-blanc-jaune

Verser la vodka dans un verre à *shooter*. Dans une petite assiette, verser séparément un peu de café moulu d'un côté et un peu de sucre de l'autre. Tremper une face de la rondelle de citron dans le café et l'autre dans le sucre de façon à recouvrir la pulpe de citron. Déposer délicatement la rondelle sur le bord du verre de vodka.

Ingrédients

45 ml de vodka glacée

Café moulu

Sucre blanc

1/2 rondelle de citron

Instructions.

Boire la vodka d'un trait et mordre sans attendre dans la rondelle de citron.

Russian roulette

Dans un verre à *shooter* verser le Kahlua et la vodka, déposer la 1/2 tranche d'orange sur le bord du verre. Dans un verre à vin, verser la sambuca et faire tourner le verre en l'inclinant légèrement. Flamber alors la sambuca et continuer à tourner le verre. Verser le liquide en flammes dans le verre à *shooter*. Laisser flamber quelques instants. .

Ingrédients

15 ml de vodka

15 ml de Kahlua (ou de Bailey's)

15 ml de sambuca

1/2 tranche d'orange

Des allumettes et du sang froid

Instructions

Éteignez les flammes avant de boire et mordre dans l'orange en dernier.

Astuce

Remplacez le Kahlua par du Bailey's ou du Galliano (liqueur à la vanille). Il est aussi plus facile de préparer plusieurs verres en même temps qu'un seul à la fois.

Russian roulette

Index

Collection malins plaisirs

Des livres qui mettent l'eau à la bouche!

De la même collection, découvrez aussi :

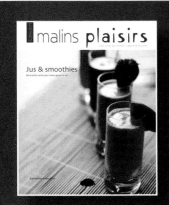  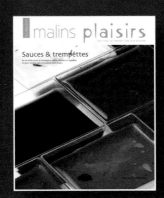 

seulement 9 95$

Jus & Smoothies

86 recettes santés pour mieux gouter la vie!

Par : Katherine Mossalim

Crêpes

56 recettes délicieuses pour réaliser entrées, plats principaux et desserts.

Par : Marc-Antoine D'Aragon

Sauces & trempettes

84 recettes pour accompagner pâtes, viandes et légumes et pour réaliser des trempettes délicieuses.

Par : Florence Désourdy

Vinaigrettes & Marinades

84 recettes pour de délicieuses salades et pour mariner viandes, légumes et fruits de mer

Par : Florence Désourdy